$L\bar{6}.\overset{49}{424}.$

MOYENS

DE REMÉDIER AUX ABUS DE LA PRESSE,

SANS EN RESTREINDRE LA LIBERTÉ.

IMPRIMERIE DE Mme. V^e. PORTHMANN,
RUE SAINTE-ANNE, n°. 43.

MOYENS
DE REMÉDIER AUX ABUS
DE LA PRESSE,
SANS EN RESTREINDRE LA LIBERTÉ

Prix : 25 sous.

A PARIS,

Chez PONTHIEU, Libraire au Palais-Royal,
Galerie de Bois.

Mai 1826.

MOYENS

DE REMÉDIER AUX ABUS

DE LA PRESSE,

SANS EN RESTREINDRE LA LIBERTÉ.

A MESSIEURS

COMPOSANT

LA CHAMBRE DES DÉPUTÉS.

Le Soussigné demande très-respectueusement à la Chambre des Députés, par les motifs qui lui seront exposés ci-après, de vouloir bien supplier SA MAJESTÉ, de faire présenter aux Chambres un projet de loi tendant:

1°. A obliger les journalistes, sauf à leur donner une indemnité, si elle est reconnue juste, à réserver dans chacune de leurs feuilles une colonne où ils seraient tenus d'insérer, 1°. les réclamations qui pourraient être faites contre eux; 2°. des extraits d'autres journaux propres à réfuter ce que ceux-là auraient pu avancer de faux ou d'inexact; 3°. tels autres articles qui pourraient contribuer à éclairer la religion de leurs lecteurs.

2°. A créer pour l'exécution de l'article précédent, un office public, dont celui ou ceux qui en seraient revêtus, seraient chargés, sous la surveillance de l'autorité supérieure ou d'une commission composée d'un membre de la Chambre des Pairs, d'un membre de celle des Députés, et d'un troisième haut fonctionnaire désigné par le Gouvernement, 1°. de recevoir les réclamations et réfutations qui pourraient être faites contre les journalistes; 2°. d'en requérir l'insertion dans la colonne de leur journal, que chacun d'eux serait tenu de réserver tous les jours pour cette fin; 3°. d'y faire insérer, de plus, tous les autres articles que le Gouvernement, comme gardien principal des intérêts publics, jugerait à propos d'y faire mettre, lorsque ces intérêts lui paraîtraient lésés par ces mêmes journaux.

3°. A rendre la responsabilité établie par les lois actuelles contre les éditeurs de journaux, commune à leurs propriétaires et à leurs rédacteurs, dont le nom, la profession et la demeure devraient être en tête de chaque journal, au moins une fois chaque trimestre.

4°. A ce qu'aucun article ne soit inséré dans un journal, sans que le nom de son auteur ne soit mis à la suite.

5°. A augmenter, s'il était reconnu insuffisant, le nombre actuel des avocats-généraux, des procureurs du Roi et de leurs substituts, jusques à concurrence du nombre que pourrait nécessiter la poursuite de tous les délits quelconques de la presse, dont aucun, quelque léger qu'il fût, ne devrait être toléré, ni rester sans être déféré aux tribunaux par les gens du Roi.

———⊱❖⊰———

Voici à présent les motifs et les considérations qui me font penser que ces mesures, en remédiant à un grand mal, produiraient, par cela même, beaucoup de bien.

On se plaint depuis long-temps de l'abus qu'on fait de la liberté de la presse, et en général les gens sensés conviennent que c'est avec raison ; c'est avec raison aussi qu'en général on repousse la censure et tout moyen de ce genre qui gênerait cette liberté si précieuse, et de laquelle, sans mélange d'aucun mal, sortiraient les plus grands biens, si, au lieu d'être décréditée et profanée par le mensonge, la déloyauté et le faux patriotisme, elle était constamment fidèle aux intérêts de la vérité, de la bonne foi et du pays.

Telle que cette liberté est aujourd'hui pratiquée par plusieurs écrivains, elle semble avoir pour principal objet, d'entretenir parmi nous des divisions qui, se propageant de jour en jour davantage, nous assurent, dans un avenir peut-êre peu éloigné, des commotions toujours dangereuses, et peut-être aussi de nouvelles révolutions qui, on ne saurait se le dissimuler, ne cessent d'être désirées et provoquées par tous les ennemis extérieurs et intérieurs que peut avoir notre France, qui, toujours à leur égard bienveillante et confiante comme son Roi, semble être encore destinée à être leur dupe et leur victime.

Quelques réflexions, dont la vérité frappera

toutes les personnes de bonne foi, suffiront pour démontrer que l'usage actuel de la liberté de la presse conduit au résultat que nous venons de prédire ; et comment ne pas avoir de semblables craintes, lorsqu'on voit journellement des écrivains,

Altérer les faits qu'ils racontent;

A la place de faits réels, en publier d'imaginaires;

Interpréter méchamment les actions et les paroles de ceux, dont on ne partage pas les opinions, au lieu de combattre avec franchise ces opinions mêmes;

Dénaturer les discours que les hommes revêtus d'un caractère public prononcent, soit dans les tribunes des Chambres, soit ailleurs, avec l'intention manifeste d'attirer sur eux la méfiance et le ridicule;

Déconsidérer, aigrir et diviser les citoyens, au lieu de tâcher de les rapprocher et de les concilier;

Se rendre les instrumens volontaires ou salariés des étrangers, en parlant toujours avec dédain de ce qui se fait chez nous, et avec emphase de ce qu'on fait chez eux;

Servir aussi ceux qui, dominés par leur ambition ou leur orgueil, ou l'habitude de l'intrigue, ont pour système, de trouver mal tout le bien que l'on fait sans eux, de nous harceler et agiter sans cesse, et qui mettraient volontiers tout en combustion parmi nous, pour faire prévaloir leurs idées, ou pour arriver aux places qu'ils désirent pour eux, leurs patrons ou leurs créatures;

Parler toujours au nom du peuple français, comme s'ils étaient ses seuls vrais interprètes, et annoncer comme l'opinion générale, leurs propres opinions feintes ou réelles, avec autant d'assurance, que s'ils avaient compté les suffrages de tous les individus qui composent la nation;

Chercher à éteindre ou à affaiblir les sentimens religieux dans l'esprit du peuple, chose d'autant plus cruelle, qu'on sait bien que c'est à la religion seule, que le peuple surtout doit le peu de bonheur qui lui est départi dans ce monde, et les nombreuses consolations dont il a besoin;

Enfin, et ceci s'applique aux choses comme aux personnes, louer et exalter souvent ce qui n'est que méprisable, et mépriser et avilir ce qui est digne de respect.

Voilà ce que, par un coupable abus de la liberté de la presse, peuvent faire et ne font que trop souvent bien de nos écrivains politiques; et pour apprécier combien est immense le mal, qu'à cet égard les seules feuilles quotidiennes ou périodiques sont susceptibles de causer, il est indispensable de faire une sérieuse attention, non-seulement au nombre incalculable de leurs lecteurs habituels, mais encore à la qualité et au rang de ces lecteurs, et à leurs goûts et préférences pour tel ou tel journal, suivant la classe à laquelle ils appartiennent.

D'abord, il est vrai de dire que si ceux qui ne peuvent se passer de journaux, les lisaient tous, ou si du moins, après en avoir lu un, ils en lisaient un autre de couleur opposée, ayant entendu en quelque sorte le pour et le contre, ils seraient moins exposés à se laisser aller à des préventions et à des erreurs; mais il est loin d'en être ainsi, dans les classes surtout où, avec autant de bonne foi et peut-être même davantage que dans d'autres, il y a moins d'instruction.

Ces classes, et malheureusement ce sont les plus nombreuses, ne lisent qu'un journal dont elles font leur directeur politique, et sur lequel elles basent et leurs discours et leurs opinions. Or, si elles trouvent dans les journaux qu'elles lisent exclusivement des erreurs dangereuses, comment, peu instruites qu'elles sont, s'en garantiraient-elles, lorsqu'il est bien évident que le juge le plus éclairé, qui, dans un débat quelconque, n'aurait entendu qu'une partie, ne pourrait rendre un jugement qu'après avoir aussi entendu l'autre ?

Il est donc constant que, malgré leur bonne foi naturelle, les classes dont nous venons de parler, et qui, par le nombre des individus qui les composent, sont infiniment supérieures aux autres, sont les plus exposées à être abusées par les journaux.

Mais voyons de plus près ce qu'il en est à l'égard de ces classes, ainsi que des autres : les journaux sont aujourd'hui tellement répandus, qu'il n'est pas un coin de la France où ils ne parviennent. Quels sont ceux qu'on reçoit dans les *campagnes* et dans les *villages ?* En général, les propriétaires de premier et deuxième ordres, sont abonnés à ceux dits royalistes, et le reste de la population ne trouve à peu près, que ceux qu'on appelle libéraux dans les cafés et autres lieux publics qu'elle fréquente. Les uns et les autres ne lisent, que le journal qui est à leur disposition, et qui devient ainsi le régulateur de leurs opinions. S'il les trompe ou s'il se trompe, ce sont autant d'erreurs qui entrent dans leur esprit A la vérité, la première partie des lecteurs dont nous venons de parler, soit à raison de leurs rapports fréquens avec les villes, soit parce qu'ils ont plus de temps à eux, peuvent mieux s'éclairer par la lecture des feuilles opposées à celles qu'ils reçoivent, et échapper ainsi à l'inconvénient d'être induits en erreur par celles-ci; mais à l'égard des autres lecteurs de journaux dans les *villages* et dans les *campagnes*, ils n'ont aucun moyen de s'en garantir, et s'ils lisent des erreurs, ce sont des erreurs qui s'implantent dans leurs esprits, et qui tôt ou tard, ne peuvent produire que de mauvais fruits.

Ces inconvéniens, auxquels sont exposés les habitans des campagnes, n'existent pas moins dans les villes, quoique dans toutes il y ait aujourd'hui des cabinets de lecture, des cercles et des réunions particulières, où l'on reçoit les journaux de toutes les couleurs; et malgré qu'on y ait ainsi pour s'éclairer, les facultés qu'on n'a pas dans les campagnes; prouvons cette assertion.

Pour lire chaque jour tous les journaux, il faut nécessairement avoir beaucoup de loisir, de patience, de curiosité, et même quelque intérêt particulier ; sans cela, qui aurait le courage de se condamner tous les jours à une pareille tâche ? autant vaudraient les travaux forcés. Par ces raisons, le nombre de ces lecteurs universels, est et ne peut jamais être, que très-faible dans les villes, sans en excepter Paris, quoiqu'il y ait beaucoup de gens embarrassés de leur temps. Cependant eux seuls pouvant voir les débats, les contradictions journalières et la guerre continuelle des journalistes entre eux, peuvent seuls aussi les bien apprécier, et être suffisamment en garde sur tout ce qu'ils disent.

Après ces intrépides et peu nombreux lecteurs de journaux, viennent ceux, et à mon avis ce sont les moins dupes, qui, ne leur sacrifiant qu'une petite partie de leur temps, dont ils savent faire un meilleur usage, et voulant néanmoins juger de tout ce qu'ils disent avec impartialité et en connaissance de cause, en liront deux ou trois de chaque couleur; cela leur suffit pour reconnaître et repousser ce qu'ils disent de hasardé ou d'absurde, et retenir ce qui leur paraît bon, vrai et raisonnable, pour cependant ne l'admettre définitivement, qu'après due et parfaite vérification. Je croirais cette classe de lecteurs bien plus nombreuse que la précédente, et il est à regretter, pour le repos de la France, qu'elle ne forme pas la grande majorité des Français.

Une troisième catégorie, se compose de ceux qui, pleins d'une confiance aveugle et presque fanatique dans les journaux qui flattent le plus leurs opinions, ne lisent absolument que ceux-là, et sont tellement éloignés de lire les autres, que la proposition qu'on en ferait aux uns, et même leur nom seul prononcé devant les autres, suffirait, sinon pour les faire tomber en syncope, du moins pour échauffer beaucoup leur bile.

Tels sont d'un côté, du moins en partie, les abonnés à *la Quotidienne*, à *l'Aristarque*, à *la Gazette*, etc., et de l'autre, ceux au *Constitutionnel*, au *Courrier français*, etc....; tous n'ont foi, que dans ceux qu'ils lisent, de sorte que n'ayant ni ne voulant avoir d'autres guides, ils adoptent nécessairement leurs idées et leurs passions; ce qui n'arriverait pas s'ils prenaient en même temps connaissance des journaux contraires, où ils trouveraient souvent la preuve de certaines faussetés auxquelles ils ont cru, comme à articles de foi; et après avoir reconnu plusieurs fois, l'abus que sciemment leurs journaux favoris, font de leur candeur, ils se tiendraient alors à leur égard dans une prudente réserve; à moins qu'ils ne trouvassent du plaisir à continuer de se laisser mystifier par eux.

Quant à la quantité d'individus de cette catégorie, cela est à regretter, sans doute, mais il est vrai de dire qu'elle n'est pas peu considérable.

Mais qu'est ce nombre, réuni même aux autres classes déjà mentionnées, auprès de celui qui compose celle dont il nous reste à parler, et qui est tel, qu'on aurait, je crois, aussitôt fait de compter les étoiles du firmament, que les individus dont il se forme? et qu'est le danger résultant des fausses idées et des fausses directions que peuvent puiser dans les journaux les trois premières classes, auprès de celui que court, sans pouvoir l'éviter, celle dont nous allons nous occuper? Ce danger est aussi immense, que la quantité d'individus qui y sont exposés. Essayons de le prouver.

Et d'abord, concluons de tout ce qui a déjà été dit, que, dans les 3 classes susdites, le nombre des lecteurs de tels et tels journaux, égale à peu près celui des journaux opposés; que dans ces classes, se trouvent les gens d'église, d'épée, de robe, de lettres, les propriétaires, les négocians

négocians et manufacturiers de premier deuxième ordres, et les citoyens les plus instruits dans les autres professions; que ces classes étant plus éclairées, en sont plus capables d'apprécier et réduire à leur juste valeur les journaux qu'elles lisent, et, par conséquent, moins soumises à leur influence; que, du reste, si elles n'en sont pas tout-à-fait à l'abri, ces influences, du moins, se trouvant à peu près balancées par des influences contraires, il en résulte une sorte de contrepoids et de compensation qui en affaiblit beaucoup le danger.

Mais en est-il ainsi de cette classe dont nous avons à parler, et qui est si supérieure en nombre à toutes les autres réunies, que la croire dix fois plus nombreuse, n'est pas, ce me semble, se rendre coupable d'exagération; et en effet, excepté ceux dont il a été déjà question, elle se compose de tout le reste de la population, dans laquelle tout ce qui sait lire, lit aujourd'hui les journaux; et quels journaux lit et trouve à lire cette masse d'individus? ce sont ceux qu'on lui offre dans les lieux qu'elle fréquente, et où, les occupations de la journée finies, elle a l'habitude d'aller s'en délasser.

Ces journaux sont-ils d'une couleur et d'une

opinion différentes, de telle sorte que leurs lecteurs puissent être éclairés par une discussion en quelque sorte contradictoire? Non; ils n'appartiennent qu'à une seule opinion, qu'à un seul parti.... Quels sont ces journaux qui règnent ainsi sur l'esprit de cette masse de Français? Il n'est pas besoin de les nommer pour reconnaître *le Constitutionnel, le Courrier français*, et autres du même bord; mais pardessus tous *le Constitutionnel*, qui plane tellement sur tous, que ceux-ci semblent n'en être que les modestes auxiliaires. *Le Constitutionnel*, que nous nommerons seul comme représentant tous ceux de son parti, est donc le journal à peu près exclusif de cette immense quantité d'individus que nous venons de désigner.

En effet, soit bonheur, soit adresse, soit modération sur le prix de ses abonnemens, soit tout autre moyen employé de la part de ceux qui le dirigent, ce journal, qui arrive partout où l'on reçoit ceux de couleur opposée, est à peu près exclusivement accueilli dans une infinité d'endroits d'où ceux-ci sont repoussés; et si l'on en voit d'autres que lui, ou, pour mieux dire, à côté de lui, dans les hôtels, auberges, restaurans, cafés et autres lieux publics, autres que ceux des premier et deuxième ordres, et de plus dans les boutiques, les échoppes, les tavernes, les tabagies, et jusque dans les cabriolets de place, on peut bien dire : *Apparent rari nantes in gurgite vasto.*

C'est donc dans tous ces endroits que je viens d'énumérer, que les marchands, les artistes d'un ordre inférieur, les artisans, les ouvriers et les classes du peuple, où, avec autant de droiture et de bonnes intentions que dans toute autre, il y a le moins d'instruction, vont s'instruire tous les jours des affaires politiques. *Le Constitutionnel*, qui règne sans partage dans tous ces lieux, est leur seul oracle : tout ce qu'il dit est admis comme bon et comme vrai; et sans avoir pris connaissance de ce que disent leurs adversaires, on les considère et on les condamne, en quelque sorte, comme les ennemis des libertés et intérêts publics, dont ils regardent *le Constitutionnel* comme le meilleur conservateur.

Certes, je dois avouer avec franchise que, malgré que je me croie aussi impartial que personne, et que j'aie été de tout temps aussi indépendant que qui que ce soit, et sans qu'aucun motif personnel à l'égard des journalistes, dont je n'ai jamais connu particulièrement un seul, influe sur moi, si j'avais à faire un choix entre eux, je pencherais plutôt pour ceux opposés au *Constitutionnel*, que pour *le Constitutionnel* lui-même, et mon seul motif en cela, serait que, d'après mon idée, leurs opinions en général sont plus favorables à la tranquillité et à la prospérité de la France, que celles professées par *le Constitutionnel*.

Mais cette sorte de sympathie qui me ferait préférer à ce dernier journal, ceux qui lui sont opposés, n'empêcherait pas que, si ces derniers exerçaient sur une aussi grande masse de lecteurs l'influence qu'a sur eux *le Constitutionnel*, je ne trouvasse très-utile toute mesure qui aurait pour effet de mettre à la connaissance de leurs lecteurs tout ce que pourrait dire contre eux *le Constitutionnel* lui-même et tous les autres journaux de son parti; car enfin, nul ne peut bien juger, s'il n'entend qu'une partie; et ne pas garantir le public autant qu'on le peut des erreurs et des préventions auxquelles il peut être exposé, c'est vouloir faire courir de mauvaises chances à la chose publique.

Ces chances, ou, pour mieux dire, ces dangers, doivent être d'autant moins dédaignés, que si, par exemple, *le Constitutionnel*, dont les rédacteurs ont tant de savoir, d'esprit, d'habileté, et de tenacité dans leurs systêmes, et qui, même dans l'art de la flatterie, qu'ils exercent à l'égard de leurs lecteurs avec tant d'adresse, sont assez savans pour en apprendre à ceux qu'ils accusent souvent de flatter l'autorité ; si, avec une clientelle de lecteurs aussi immense que celle qu'il possède, et qu'il a avec tant de succès, disposée à ne douter de rien de ce qui sort de sa plume, le Constitutionnel, disons-nous, avait, sur les questions et les actes qui tiennent de plus près à la tranquillité publique, des vues opposées à celles du Gouvernement, que résulterait-il de l'impossibilité où, dans l'état actuel des choses, se trouverait le Gouvernement lui-même, de se faire entendre des neuf dixièmes de la population qui sait lire et qui ne lit que les feuilles de ce journal? il en adviendrait que ce journal, quoique ne se disant seulement que l'humble organe de l'opinion publique, formerait, dirigerait à son gré cette opinion publique, et pourrait, à l'aide d'autres moyens subsidiaires, entraver d'abord, et à la longue bouleverser les autorités, et toutes nos institutions, quelque bonnes qu'elles puissent être d'ailleurs.

Et par qui, en définitive, serait réalisé un

bouleversement dont probablement le général le plus expérimenté ne viendrait pas à bout s'il voulait l'effectuer avec une armée de cent mille soldats? Eh bien! il le serait par la plume d'une quarantaine d'écrivains, dont la plupart n'ont pas dans l'état l'importance politique des plus médiocres propriétaires ou manufacturiers. A la vérité, ces écrivains ne sont en général que les instrumens dont se servent des personnes plus considérables cachées derrière eux, sous la direction de qui ils écrivent, du moins plusieurs, à tant la ligne, et qui, en écrivant dans le sens et les opinions de leurs patrons, écrivent souvent contre les leurs propres; semblables, en cela, à ces avocats qui, presque malgré eux, se chargent d'une mauvaise cause, entraînés qu'ils sont par les sollitations et par l'argent de leurs cliens. Toujours est il vrai que ces écrivains, quoique n'étant que les instrumens des propriétaires de ces journaux, doivent être rangés parmi les auteurs des désordres que leurs écrits auraient pu occasionner.

A ce sujet, il ne sera pas déplacé de faire observer combien les propriétaires des journaux de l'opposition, c'est-à-dire une quarantaine d'individus, sont peu raisonnables et peu libéraux, en faisant sans cesse déclamer dans leurs feuilles contre le gouvernement, parce qu'il a aussi des journaux sous son influence. Voudraient-ils donc, ces quarante individus, que le gouvernement se laissât attaquer, ridiculiser, et avilir sans se défendre? Reconnaît-on la générosité française dans des gens qui voudraient que ceux qu'ils attaquent, se livrassent à eux bâillonnés, et pieds et poings liés, pour pouvoir plus à leur aise les outrager et les meurtrir, sans avoir à en craindre la moindre résistance?

Croient-ils donc, ces quarante individus, à qui, toutes les fois qu'ils parlent contre la vérité, on ferait bien de crier: à bas les quarante voix, si, en les réduisant au silence, ces mots produisaient ainsi l'effet qu'ils firent sur la minorité de l'assemblée constituante, à qui Mirabeau, jadis! s'adressa! Croient-ils donc, disons-nous, que la France, au nom de laquelle ils ne cessent de parler avec tant d'assurance, les regarde réellement comme ses mandataires, et qu'elle n'aie un gouvernement que pour être sans cesse vilipendé par eux, et pour leur servir de jouet et d'amusement?

En vérité, on a peine à concevoir, que le bon sens de la nation, et son orgueil et sa dignité, blessés dans ceux légalement chargés de la gouverner, ne provoquent pas des mesures qui rendent plus véridiques et plus circonspects, tant d'aigres censeurs, et d'acharnés détracteurs.

Qu'on attaque les dépositaires de l'autorité, rien de plus juste, mais qu'on ne le fasse pas toujours légèrement, ou pour satisfaire des passions et des intérêts particuliers, et qu'alors même qu'on a le plus raison, on n'oublie ni dans le fond, ni dans la forme, les égards que l'on doit à ceux que le Roi ou la nation ont jugés dignes de leur confiance.

D'autre part, qu'on mette tous les Français à même de se former et de dire leur opinion sur les affaires publiques, et sur les personnes comme sur les choses, rien de plus désirable et de plus conforme à notre Gouvernement représentatif; mais qu'on mette à même aussi de s'éclairer ceux qui jugent en aveugles ou avec un esprit prévenu, en leur facilitant les moyens de lire les journaux de l'un et de l'autre parti, et de se soustraire ainsi à l'influence exclusive d'un seul.

Au surplus, en revenant sur l'influence actuelle qu'exerce le *Constitutionnel* sur la partie la plus nombreuse et la moins éclairée de tous ceux qui lisent les journaux en France ; cette influence est incalculable, et il y aurait de quoi en être alarmé, si ceux qui dirigent ce journal avaient au fond de mauvaises intentions ; pour moi, je suis tout rassuré à cet égard, en considérant que, pouvant en faire un usage bien plus grave, ils se sont bornés, jusques à aujourd'hui, à essayer d'en faire peur, de temps à autre, au Gouvernement, en applaudissant et provoquant ainsi tantôt des rassemblemens, tantôt des nuées de pétitions ; toutefois, il suffit que cette influence, à laquelle, en définitive, on n'aurait à opposer que la force armée, qui d'ailleurs, pourrait elle-même la subir, puisse être employée et dirigée contre la tranquillité et les institutions publiques, les compromettre et même les ruiner, pour qu'il ne soit pas sage et même urgent de chercher et adopter de suite des moyens justes et légaux, à l'aide desquels on pourrait en neutraliser les effets possibles.

De pareils moyens existent, et on peut même y avoir recours, sans restreindre en rien la liberté de la presse; un des plus efficaces à mon avis, serait celui indiqué dans le premier article de ma pétition, et qui consiste à obliger tous les journaux, à réserver une des huit colonnes qui composent chacun de leurs numéros, pour y insérer ce que les particuliers et le Gouvernement auraient à opposer, à ce qu'ils auraient pu avancer, de contradictoire, d'inexact, de faux, etc. Ainsi, ce serait une feuille consacrée à la défense de ceux qu'ils auraient attaqué, et à la réfutation de ce qu'ils auraient pu annoncer de contraire à la vérité. On dira que d'après la loi actuelle, chacun a le droit d'exiger d'un journaliste, d'insérer, dans son propre journal, le redressement de ce qu'il aurait dit de faux ou d'inexact; mais cette faculté est bornée, et très-incomplète, et excepté quelques hommes publics, qui y ont recours, personne n'y songe. En lui donnant le développement et l'extension que nous indiquons, il est aisé de sentir qu'elle devrait rendre les écrivains circonspects et attentifs, à s'assurer, avant de les annoncer, de la réalité et de l'exactitude des faits, et surtout à ne pas se contrarier eux-mêmes ; car si, dans leurs propres écrits, on trouvait la preuve de la fausseté de certaines de leurs assertions, leurs lecteurs les plus dévoués, se voyant ainsi pris pour dupes, perdraient nécessairement la confiance qu'ils avaient en eux, et ceux chez qui cette confiance est la plus robuste, seraient ceux qui leur pardonneraient le moins d'en avoir abusé; ainsi, le remède serait à côté du mal, et quelque aveuglé que l'on soit en faveur de tels ou tels journalistes, cet aveuglement ne saurait résister à l'évidence des preuves qu'on trouverait, s'il y avait lieu, contre eux dans leur journal même. Ainsi, les individus formant cette classe, qui ne lit qu'un journal, seraient instruits alors comme s'ils les lisaient tous, jugeraient ainsi de tout, avec leur sens, et leur conscience, ordinairement pleins de droiture, et non point avec celles de leurs journalistes favoris, qui, si elle vaut autant, certainement ne vaut pas mieux.

Dirait-on qu'une pareille mesure, nuirait au droit de propriété des journaux? Je croirais cette objection mal fondée; car cette espèce de plaidoyer, offrant à leurs abonnés un attrait de plus, et même plus piquant que bien d'autres; le nombre par cette raison, n'en devrait pas être diminué; au surplus, s'il était reconnu que la disposition d'une de leurs huit colonnes journalières leur fait préjudice, on pourrait les indemniser.

Mais comment cette mesure pourrait-elle être mise en pratique? Rien de plus simple pour cela, que de créer *ad hoc*, ainsi que le porte le deuxième article de la pétition, un office public, dont celui ou ceux qui en seraient pourvus, seraient chargés sous la surveillance de la commission supérieure désignée, de recevoir toutes les réclamations et articles, et d'en requérir l'insertion, le tout d'après un mode qui serait arrêté.

Un moyen qui contribuerait beaucoup aussi à diminuer les abus de la presse, est celui indiqué dans le troisième article, tendant à ajouter à la responsabilité actuelle des éditeurs de journaux, celle bien plus juste et plus morale de leurs propriétaires, qui ne sauraient ici vouloir se faire considérer comme les commanditaires d'une maison de commerce, à moins qu'ils ne déclarent que leur entreprise est purement industrielle, et n'a d'autre but, que celui de faire valoir des capitaux, et de gagner de l'argent ; mais dans ce cas même, l'autorité devrait y intervenir dans l'intérêt général, ne serait-ce que pour s'assurer, que des étrangers, à l'aide de prête-noms bien payés, ne sont pas en totalité ou en partie propriétaires de ces entreprises ; ce qui devrait d'autant plus être empêché, qu'ils ne sauraient les exploiter, que dans l'intérêt de leur pays, si souvent opposé aux nôtres.

On dira sans doute, que les vrais propriétaires et vrais rédacteurs pourraient se cacher aussi derrière les prête-noms, et faire tomber sur eux cette responsabilité comme ils le font aujourd'hui à l'égard des éditeurs.

A cela je répondrai, que les lois actuelles, donnent aux tribunaux des moyens suffisans, pour parvenir à connaître à cet égard la vérité, et que si aux peines qu'elles portent tant contre ceux qui achètent des prête-noms, que contre ceux qui se vendent pour cela, on ajoutait des amendes un peu fortes, ceux qui voudraient s'y exposer ne seraient guère nombreux.

De plus, il serait aussi efficace que juste qu'aucun article ne pût être inséré dans un journal, sans que le nom de son auteur fût mis au bas; que ce dernier en fût solidairement responsable avec l'éditeur et les propriétaires; et que les noms de ceux-ci fussent annoncés en tête de chaque journal, une fois au moins par trimestre, afin que les parties qui pourraient en recevoir du dommage, eussent ainsi le moyen de connaître ceux à qui elles ont le droit d'en demander la réparation. D'ailleurs, ce que l'on connaîtrait d'eux servirait beaucoup à mettre le public en état de juger, si les sentimens et les idées qui président à la rédaction de leurs feuilles, ont pour objet les intérêts de tous, ou les intérêts d'un parti ou d'une spéculation particulière; et puisque d'ailleurs on en compare quelquefois les rédacteurs à des marionnettes, il n'y aurait rien à perdre pour le public à connaître ceux qui les font jouer.

Enfin, un moyen qui complèterait tous les autres, serait dans la résolution que devrait prendre le Gouvernement, de déférer aux tribunaux et faire poursuivre sans en tolérer aucun, tous les délits de la presse graves ou légers, et il serait à désirer que les jugemens qui en résulteraient, fussent insérés dans les journaux même qui y auraient donné lieu, et que de plus ils fussent affichés.

Pour apprécier le bien que ces mesures produiraient, il suffit de considérer combien les décisions des tribunaux sont respectées, et en imposent à ce peuple surtout, devant qui elles se rendent chaque jour, et combien l'opinion de ce peuple, souvent égarée, gagnerait et aimerait à prendre ces décisions pour guides.

On objectera, peut-être, que les fonctionnaires chargés par les lois de ces poursuites, seraient-ils bien plus nombreux, n'y suffiraient pas? — Mais pourquoi n'en augmenterait-on pas le nombre jusqu'à concurrence des besoins qu'on pourrait en avoir, et pour la durée seulement de ce besoin? — Du reste, cette guerre contre les délits de la presse ne saurait être longue, lorsqu'on serait convaincu de l'intention bien décidée de n'en laisser aucun impuni.

On dira peut-être encore que ces poursuites entraîneraient l'Etat dans des frais considérables. — Mais que sont un et même deux millions employés à maintenir la paix et la tranquillité en France, comparés à ceux que pourraient lui coûter des divisions et des guerres intestines? — Quel que fut l'argent dépensé pour un pareil but, quel est le Français qui pourrait le regretter?

Telles sont, Messieurs, les idées et les considérations qui m'ont engagé à vous présenter la pétition qui est en tête du présent écrit. Elles m'ont été dictées par un patriotisme dont les seuls élémens sont : 1°. un attachement et une vénération sans bornes, pour cette famille, la plus noble de toutes, qui, par une série de soixante rois, a suffisamment prouvé la sympathie qui existe entre elle et nous, et particulièrement pour celui que, dans cet admirable cortége, nos yeux ont aujourd'hui le bonheur de voir, et ne voient jamais sans que nos cœurs en soient attendris; 2°. un attachement sans bornes aussi pour notre France, et pour tous ceux, sans exception, qui portent ce beau nom de Français, lequel même, aux yeux des étrangers, est seul un titre et une preuve de noblesse.

Puissent ces vues, ou de meilleures auxquelles je serais le premier à applaudir, contribuer à porter bientôt remède à un mal d'autant plus dangereux, qu'en augmentant tous les jours l'aigreur, les méfiances et les divisions entre nous, il nous éloigne de cet état de bienveillance réciproque et de fraternelle union, qui est encore loin d'être rétabli dans notre pays, où malgré cela, et quoi qu'on en dise, il n'en règne pas moins aujourd'hui même, plus de sécurité, de vraie liberté, de vraies richesses, et par conséquent plus de vrai bonheur, qu'en aucune autre partie du monde.

Je supplie la Chambre des députés de faire examiner la présente pétition, et de la prendre en considération si elle l'en trouve digne.

Paris, le 16 mai 1826.

P. FABRE.

www.ingramcontent.com/pod-product-compliance
Lightning Source LLC
Chambersburg PA
CBHW060604050426
42451CB00011B/2073